PUBLICATION DE LA RÉUNION DES OFFICIERS

SIGNAUX

POUR LES

CORRESPONDANCES TÉLÉGRAPHIQUES

EN CAMPAGNE

PAR M. WARNET

Lieutenant-colonel d'état-major, chef d'état-major de la 32ᵉ division
d'infanterie.

PARIS

CH. TANERA, ÉDITEUR

LIBRAIRIE POUR L'ART MILITAIRE ET LES SCIENCES

Rue de Savoie, 6

1874

SIGNAUX

POUR

LES CORRESPONDANCES TÉLÉGRAPHIQUES

EN CAMPAGNE

PUBLICATION DE LA RÉUNION DES OFFICIERS

SIGNAUX

POUR LES

CORRESPONDANCES TÉLÉGRAPHIQUES

EN CAMPAGNE

PAR M. WARNET

Lieutenant-colonel d'état-major, chef d'état-major de la 32e division
d'infanterie.

PARIS

CH. TANERA, ÉDITEUR

LIBRAIRIE POUR L'ART MILITAIRE ET LES SCIENCES
Rue de Savoie, 6

1874

SIGNAUX

POUR

LES CORRESPONDANCES TÉLÉGRAPHIQUES

EN CAMPAGNE

Des signaux

CONSIDÉRATIONS GÉNÉRALES

—

Signaux à courte distance.

Jusqu'à présent on n'a employé que le clairon pour correspondre entre les tirailleurs et les diverses lignes de troupes, mais ces sonneries, assez compliquées, ne peuvent être faites que par des instrumentistes exercés; il faut une grande habitude à ceux qui les entendent pour les reconnaître sans faire d'erreurs ; d'ailleurs, outre que les indications qu'elles donnent sont extrêmement bornées, on n'a pas toujours à sa disposition un clairon exercé pour les faire.

On a donc essayé de remplacer ces signaux par d'autres, que tout le monde puisse comprendre et exécuter et qui, de plus, puissent être faits indifféremment, pendant le jour, avec un drapeau ou un mouchoir, avec le clairon ou avec le sifflet, et pendant la nuit avec une lanterne, le clairon ou le sifflet.

Tel est l'objet de ce travail.

Le nombre des signaux proposés est assez grand puisqu'il peut s'élever jusqu'à cent quatre-vingt-dix-huit; la mémoire ne pourrait y suffire, aussi est-il indispensable d'avoir avec soi un dictionnaire des signaux; mais il n'est pas possible d'agir autrement dès qu'on veut se donner les moyens de faire des communications tant soit peu diverses; c'est ainsi qu'on opère dans la marine.

Il fallait réduire le nombre des signaux à sa plus simple expression pour que tout le monde pût les exécuter de suite, sans apprentissage; les signaux primitifs se réduisent à *deux* seulement, lesquels, combinés deux à deux ou trois à trois, permettent de signaler toutes les phrases qu'on peut avoir à échanger soit sur le champ de bataille, soit entre les avant-postes et les soutiens, soit entre une colonne et ses flanqueurs ou entre les diverses lignes d'une division ou d'un corps d'armée.

Ces signaux n'ont pas pour objet de permettre de transmettre des dépêches détaillées, des dialogues, aussi ne comprennent-ils pas d'alphabet; ils n'ont pour but que de signaler une circonstance particulière, comme il s'en présente sans cesse en campagne, un incident qu'on a intérêt à faire connaître le plus rapidement possible, ou de transmettre un ordre qui ne souffre pas de retard.

On avait d'abord pensé à utiliser la position des signaux les uns par rapport aux autres, comme cela se fait dans la marine; mais comment distinguer la droite de la gauche? Ce qui sera la droite pour l'un sera la gauche pour l'autre; de là incertitude, confusion inévitables.

On avait pensé également à faire exécuter les signaux simultanément par deux hommes; mais la confusion de position eût été la même, et de plus l'observateur eût été fort embarrassé de reconnaître bien exactement des signaux simultanés : pour toutes ces raisons on n'a employé qu'un *seul homme* faisant les signaux, qu'un *seul observateur* suffit à recevoir.

Les signaux sont simples ou doubles.

Il n'y a de signaux simples que ceux qui sont faits par une sentinelle et les deux signaux, hors série, destinés : l'un à appeler l'attention, à prévenir qu'on est prêt à recevoir une communication ou qu'on l'a comprise ; l'autre à marquer la séparation entre les divers signaux, ou la fin de la communication. Tous les autres sont doubles.

Les signaux faits par les sentinelles sont simples.

En effet, une sentinelle n'a pas à entrer dans de nombreux détails ; une fois qu'elle a prévenu que quelque chose d'extraordinaire se passe devant elle, son rôle est fini ; c'est au poste d'où elle dépend à envoyer reconnaître ce qui se passe et à agir ensuite suivant la gravité des circonstances.

On ne pourrait songer à donner à chaque soldat un dictionnaire des signaux, ce qui aurait de grands inconvénients et même de grands dangers, et bien peu d'hommes seraient en état d'en faire un usage judicieux.

Il faut donc que les signaux à faire par sentinelles soient très-simples et en petit nombre, de façon que chaque homme puisse les connaître parfaitement, les graver dans sa mémoire avec leur signification, et les employer sans erreur.

Quant aux autres signaux, faits par des postes, ils peuvent et doivent être plus étendus, pour pouvoir donner ou recevoir certains ordres, certains renseignements d'une manière plus complète, sur les circonstances qui se présentent.

Les deux signaux primitifs sont :

1º Pour les drapeaux ou mouchoirs et les lanternes.

Signal nº 1. — Celui qui consiste à élever le drapeau (ou le mouchoir fixé à la baïonnette) perpendiculairement devant le corps, aussi haut que possible, et à l'abattre à l'horizontale. . . . .

Signal nº 2. — Celui qui consiste à décrire une demi-circonférence avec le drapeau ou la lanterne, en partant de l'horizontale à gauche ou à droite pour revenir à l'horizontale de l'autre côté, en passant par la verticale. . .

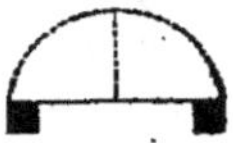

2º Pour le clairon ou le sifflet, un coup de langue simple correspondra au signal nº 1 du drapeau, un coup de langue double  au signal nº 2.

On formera le signal de séparation ou de terminaison en agitant de droite à gauche et de gauche à droite, pendant quelques instants, le drapeau ou la lanterne, tenu verticalement d'abord.

Le clairon ou le sifflet feront une petite cadence pour séparer les signaux. On indiquera ce signal de séparation par une notation particulière. . .

Le signal d'avertissement ou d'attention sera formé d'une combinaison du signal de séparation avec le signal nº 1. Les deux signaux d'attention et de séparation seront les mêmes pour les sentinelles aussi bien que pour les postes, et seront désignés par les lettres A et S.

Les deux signaux primitifs sont donc, pour les lanternes et les drapeaux ou mouchoirs. . .

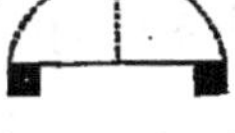

Pour les clairons ou les sifflets. . . .

Ces signaux, répétés jusqu'à trois fois et combinés deux à deux ou trois à trois, fournissent une série de quatorze signaux, qui sont ceux indiqués sur le tableau ci-contre.

Tels seront les signaux simples de drapeaux, mouchoirs, que devront employer les sentinelles pour leurs communications, qui d'ailleurs sont peu nombreuses.

Signaux faits par une sentinelle.

Toute sentinelle qui a un avis urgent à transmettre fait le signal A d'attention pour prévenir le poste *d'où elle a été détachée*, et qui est le seul avec lequel elle ait à communiquer.

Elle attend que ce poste lui ait répondu par le même signal pour l'avertir qu'on est attentif et prêt à recevoir ses communications.

Si le poste ne répond pas, la sentinelle recommence son signal d'avertissement jusqu'à ce qu'on lui réponde.

Dès que le poste a fait connaître qu'il est attentif, la sentinelle fait le signal convenable et le termine par le signal S de séparation, pour indiquer que sa communication est terminée.

Si elle a plusieurs signaux à faire pour compléter sa communication, elle les sépare par le signal S de séparation, et renouvelle ce même signal pour indiquer la terminaison de sa communication.

Signaux à faire par une sentinelle.

S. Séparation entre les signaux.

A. { Attention — on va faire un signal.
{ Aperçu — compris — on est prêt à recevoir les signaux.

S 

Séparation entre les signaux. — Fin des signaux.

A  

Attention, on va faire un signal. — Aperçu; on est prêt à recevoir
les signaux. — Compris.

Numéros des signaux.	SIGNAUX AVEC FANION, MOUCHOIR OU LANTERNE.			SIGNAUX AVEC CLAIRON, TAMBOUR OU SIFFLET.			Numéros des signaux.
	1	2	3	1	2	3	
1							1
2							2
3							3
4							4
5							5
6							6
7							7
8							8
9							9
10							10
11							11
12							12
13							13
14							14

N° 1. Quelque chose d'extraordinaire.

2. Venez reconnaître.

3. L'ennemi est là.

4. Aux armes !

5. Parlementaire.

6. Déserteur.

7. La sentinelle est alerte.

Une sentinelle, devant toujours regarder du côté de l'ennemi pour surveiller les environs, ne peut recevoir de signaux et on n'a pas à lui en faire : les sentinelles ne sont jamais tellement éloignées du petit poste qui les a fournies qu'on ne puisse aller leur faire de vive voix les recommandations nécessaires.

On a indiqué, n° 7, un signal que la sentinelle pourrait faire toutes les demi-heures, par exemple, pour indiquer qu'elle veille, qu'elle est attentive ; cela permettrait de s'assurer de la vigilance des sentinelles sans avoir besoin d'aller les visiter, ce qui offre de nombreux inconvénients et souvent même des dangers.

Signaux entre les postes.

Toutes les communications que les postes peuvent avoir à échanger sont comprises dans quatorze séries ; chacune de ces séries est désignée par un signal ; chaque série comprend un certain nombre de phrases numérotées de 1 à 14, nombre égal au nombre des signaux différents qu'on peut faire.

Tous les signaux que les postes ont à échanger sont donc doubles, c'est-à-dire qu'ils se composent de deux signaux, dont le premier indique la série et le deuxième le numéro de la série, devant lequel se trouve la communication faite ou à faire.

Il n'y a d'exception que pour les signaux de séparation et d'attention S et A, qui sont simples et communs aux postes et aux sentinelles.

L'avant-poste n'a de communication à faire qu'en arrière, à son poste de soutien. Il commencera par faire le signal d'attention A, et le renouvellera jusqu'à ce que le poste dont il dépend ait fait le même signal A pour lui indiquer qu'il est prêt à recevoir sa dépêche. Dès que ce poste aura répondu, il télégraphiera sa communication, indiquera par le signal S qu'elle est terminée, et restera attentif jusqu'à ce que son correspondant ait renouvelé le signal A pour faire connaître qu'il a compris.

Un poste intermédiaire qui a une communication à faire doit indiquer le poste avec qui il veut communiquer; pour cela, dès qu'il a fait le signal d'attention, il fait le signal du poste auquel il s'adresse, de façon à ce que les autres postes voisins ne s'astreignent pas à suivre ses signaux.

On peut admettre qu'un corps d'armée en position normalement est disposé de la manière suivante :

1° Ligne des sentinelles ;

2° Ligne des petits postes ;

3° Ligne des grand'gardes;

4° Ligne des soutiens ;

5° Première ligne des troupes, deuxième ligne des troupes, etc.

On voit ainsi avec quels postes chaque ligne peut avoir à correspondre.

Des distances et des clefs diverses pour les signaux

Il reste deux questions à examiner :

1° La distance à laquelle ces signaux peuvent être observés;

2º La manière d'éviter que l'ennemi ne les connaisse et ne s'en serve lui-même pour donner de fausses indications.

1º Distance à laquelle les signaux peuvent être observés.

Il est bien difficile d'indiquer des distances précises, puisqu'elles varient nécessairement avec les conditions atmosphériques. Par un temps brumeux, les signaux optiques pourront être aperçus de beaucoup moins loin que par un temps clair, et ce sera, pour ainsi dire, tout le contraire pour les signaux faits avec le clairon ou le sifflet.

Ce sera donc aux chefs à apprécier, d'après leur propre expérience, la distance à laquelle les communications pourront être faites en toute sûreté, et à placer, quand ils le croiront nécessaire, des postes intermédiaires de correspondance, si les postes de garde normaux étaient trop éloignés les uns des autres.

Disons cependant que ce cas ne se présentera que rarement, car les petits postes, les grand'gardes et les postes de soutien seront eux-mêmes plus ou moins distants les uns des autres, suivant les circonstances atmosphériques, de façon à ce que leurs relations soient constantes et assurées.

La plupart du temps les signaux seront facilement perçus à 800 ou 1,000 mètres, ce qui semblera presque toujours suffisant.

Il ne faut pas oublier non plus qu'à la distance où s'exécutent les feux, pour les diriger utilement, pour en juger les effets, les officiers devront nécessairement être toujours munis d'une lunette : la lunette est devenue un objet indispensable à l'officier, un objet qui devrait être réglementaire autant que le sabre.

Avec son aide on pourra distinguer parfaitement les signaux à des distances où la vue simple ne pourrait pas bien en saisir les détails.

Enfin, pour éviter toute chance d'erreur, tout signal fait avec un mouchoir, un drapeau, un fanion ou une lanterne devra être répété par le clairon ou le sifflet quand ce sera possible, c'est-à-dire quand le poste en aura et quand la proximité de l'ennemi ne le défendra pas.

2° Manière d'éviter que les signaux ne soient connus de l'ennemi et qu'il ne puisse s'en servir pour donner de fausses indications.

Tous les signaux sont compris, ainsi que nous l'avons vu, dans un certain nombre de séries. Les numéros dans les séries ne changeant pas, si l'on change le signal qui indique le rang des séries, il est évident que tous les signaux correspondront à des significations différentes.

Supposons que dans l'ordre habituel, en temps de paix, la première série ait pour indication le signal n° 1; que le signal n° 2 indique la seconde série; le signal n° 3 indique la troisième série et ainsi de suite, tout sera changé si l'on notifie à tout le monde que :

Le signal n° 4 indiquera la série n° 1.
Le signal n° 5   id.   id.   n° 2.
Le signal n° 6   id.   id.   n° 3, etc.
Le signal n° 1   id.   id.   n° 12.
Le signal n° 2   id.   id.   n° 13.
Le signal n° 3   id.   id.   n° 14.

Rien n'est plus simple que d'indiquer chaque jour le numéro qui correspond à la série n° 1. En effet, chaque jour l'état-major envoie, sous pli cacheté, les mots d'ordre et de ralliement. A la suite on spécifiera le signal qui devra indi-

S 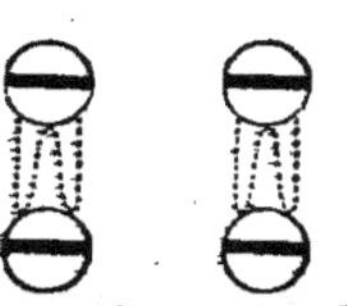

Séparation entre les signaux. — Fin des signaux.

A 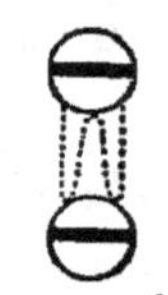

Attention, on va faire un signal. — Aperçu; on est prêt à recevoir
les signaux. — Compris.

Numéros des signaux.	SIGNAUX DE JOUR (Ballons).			SIGNAUX DE NUIT (Fusées ou phares).			Numéros des signaux.
	1	2	3	1	2	3	
1							1
2							2
3							3
4							4
5							5
6							6
7							7
8							8
9							9
10							10
11							11
12							12
13							13
14							14

quer la série n° 1, et les séries suivantes prendront les numéros suivants, sans interruption.

On pourra donc chaque jour changer la clef des signaux.

Pour éviter toute confusion, chaque page de série aura en tête une case avec des coulisses, entre lesquelles on placera le signal de la série n° 1 et ceux qui indiquent les séries suivantes, ainsi que nous venons de le dire. Ce changement étant une fois fait pour vingt-quatre heures, il n'y aura pas plus de difficultés pour lire un signal dans une clef que dans une autre.

Pour les drapeaux, comme pour les sifflets et clairons, les signes étant identiques, les signaux se feront sans difficultés dans n'importe quelle clef.

Les phrases qui seront données dans les séries devront être simples et claires; il y aurait à étudier celles qu'il est le plus convenable de choisir pour répondre aux diverses nécessités qui peuvent se présenter pour une troupe en campagne.

Dans chaque série, pour faciliter les recherches et l'exécution des signaux, on groupera les phrases qui ont des rapports entre elles.

Signaux pour les grandes distances.

Les signaux dont nous venons de parler ne sont destinés qu'à établir des communications à des distances peu considérables. Ils ne peuvent pas être perçus d'assez loin pour permettre de communiquer à grande distance. Mais rien ne serait plus facile que d'adopter des signaux visibles à des distances considérables.

Le principe resterait toujours le même, c'est-à-dire usage de deux signaux successifs seulement pour chaque communication, correspondant aux signaux que nous avons précédemment indiqués, de façon à ce que le même dictionnaire des signaux, avec les mêmes notations, pût toujours servir.

A cet effet, pour les signaux de jour, on remplacera les drapeaux, fanions, mouchoirs ou clairons par un ballon en toile gommée de 80 centimètres à 1 mètre de diamètre environ, muni d'un robinet permettant de le gonfler pour opérer, ou de le dégonfler pour le transporter.

Ce ballon, pour être vu dans toutes les circonstances de projection, sera peint en blanc avec une zone équatoriale noire.

Pour faire les signaux on hissera ce ballon au haut d'une perche de 4 à 5 mètres de hauteur, qu'on placera en un point favorable.

Deux ballons suffiront pour les signaux, au moyen des combinaisons suivantes :

Un seul ballon, élevé au haut de la perche, correspondra au signal nº 1 des drapeaux.

Deux ballons, élevés simultanément au sommet de la perche, correspondront au signal nº 2.

Le signal S sera formé en hissant et abaissant en même temps les deux ballons au sommet de la perche à plusieurs reprises.

Le signal A consistera à laisser un des ballons au haut de la perche, pendant qu'on hissera et qu'on abaissera le second ballon à plusieurs reprises.

Pour la nuit on emploiera des fusées blanches, bleues et rouges.

La fusée blanche sera le signal nº 1.

La fusée rouge sera le signal nº 2.

La fusée bleue correspondra au signal S.

Une fusée bleue et une fusée rouge, tirées en même temps, formeront le signal A d'attention.

On emploierait de la même manière des globes lumineux éclairés soit avec des lampes, soit avec la lumière électrique.

Quel que soit le mode de signal employé, les communications peuvent se faire avec le même dictionnaire et les mêmes notations qui ont été précédemment exposés.

Les signaux à grande distance seront destinés aux communications entre les quartiers généraux, qui auront évidemment besoin d'un dictionnaire particulier pour leur correspondance.

Dans ce cas, en conservant toujours le dictionnaire général dont nous avons parlé plus haut, on indiquera dès le premier signal si c'est de ce dictionnaire ou du dictionnaire particulier aux quartiers généraux qu'on fera usage.

Une fois cette indication donnée, les communications comprises dans le dictionnaire particulier seront faites exactement comme s'il s'agissait de celles contenues dans le dictionnaire général, mais correspondront naturellement à des indications différentes.

Les quartiers généraux pourront ainsi communiquer entre eux ou avec des détachements éloignés d'eux, tels que les corps de cavalerie lancés au loin en avant de l'armée pour la couvrir et échanger toutes les correspondances comprises aussi bien dans le dictionnaire général que dans leur dictionnaire particulier.

La clef des signaux sera la même pour les deux dictionnaires, ou différente pour chacun d'eux : cela dépendra du chef d'état-major général de l'armée, qui notifiera chaque jour, ou pour une série de jours, en même temps que les mots d'ordre, les signaux devant indiquer la 1re *série* du dictionnaire et celle du dictionnaire particulier aux quartiers généraux, les autres séries de chaque dictionnaire devant toujours prendre, comme indices, les signaux se suivant dans l'ordre primitif. Ainsi :

Pour le 7 février 1874 :

Mots { d'ordre.
      { de ralliement.

Signal indice de la 1re série du dictionnaire général n° 3.
       Id.   id.   id.   particul. n° 7.
Cela ne présente aucune difficulté.

A la suite du dictionnaire général commun à tous les postes et aux quartiers généraux on devra donc établir un dictionnaire particulier pour les communications des commandants d'armée, de corps d'armée, de divisions, de brigades ou de détachements opérant en avant ou sur les flancs de l'armée.

Une dernière remarque à faire : c'est que l'on peut se servir de ces dictionnaires de communications *comme d'un chiffre* pour les correspondances secrètes écrites.

En supposant que le 7 février 1874 le commandant de la cavalerie d'avant-garde veuille envoyer certains renseignements confidentiels sur l'ennemi, au lieu d'écrire sa correspondance *en clair* il l'écrira en remplaçant les mots ou les phrases par les chiffres correspondants des dictionnaires.

Chaque chiffre devra comprendre deux nombres séparés par une virgule ; le premier donnant l'indice de la série, le second le numéro de la communication, dans la série.

Si l'on n'a employé pour toute la dépêche que l'un des deux dictionnaires (le général ou le particulier) un G ou un P, placé en tête de la dépêche, indiquera dans lequel des deux dictionnaires on devra chercher la signification des chiffres.

Si les nécessités de la communication ont exigé l'emploi des deux dictionnaires, alors chaque chiffre devra être précédé d'un *p* ou d'un *g* qui indiquera auquel des dictionnaires on devra se reporter pour traduire chaque chiffre de la dépêche.

Des exemples vont permettre de se rendre un compte exact de la manière de procéder pour les divers usages auxquels peuvent répondre les notations ou signaux télégraphiques compris dans les spécimens de dictionnaires indiqués ci-après :

Communications entre les diverses lignes d'une division, au moyen du Dictionnaire général seulement.

Le 7 février 1874, vers trois heures du soir (l'indice de la 1re série étant le n° 3) :

1° La sentinelle détachée d'un petit poste fait les signaux suivants :

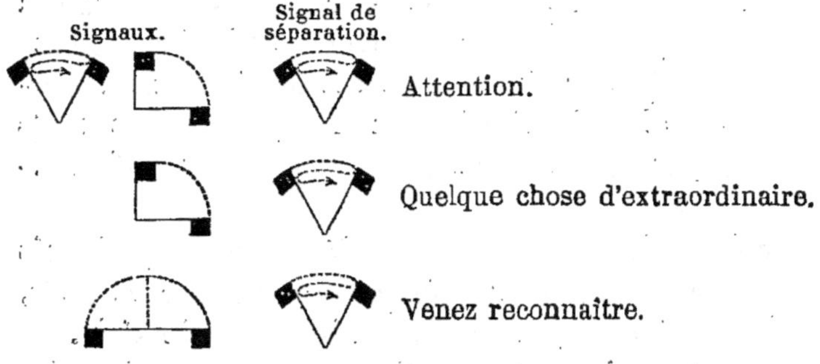

2° Le chef du petit poste envoie ou va lui-même reconnaître, et aussitôt revenu il fait à sa grand'garde le signal :

Dès que celle-ci a répondu par le même signal, il continue :

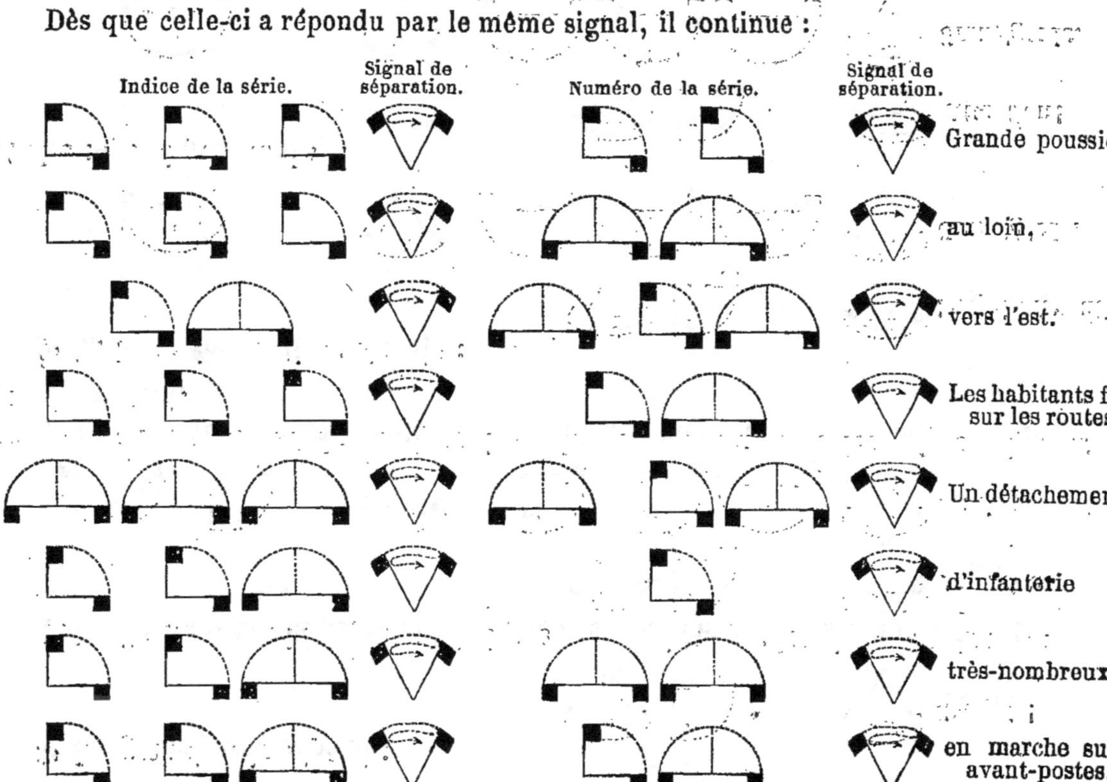

3º La grand'garde répond :

Compris!

Puis elle transmet la dépêche à la ligne des soutiens par les signaux suivants :

Attention.

Soutiens.

et quand on a répondu de la ligne des soutiens, elle transmet les mêmes signaux que précédemment.

4º La ligne des soutiens signale :

Compris. Attention

Grand'garde.

et elle répond plus tard :

Attention !

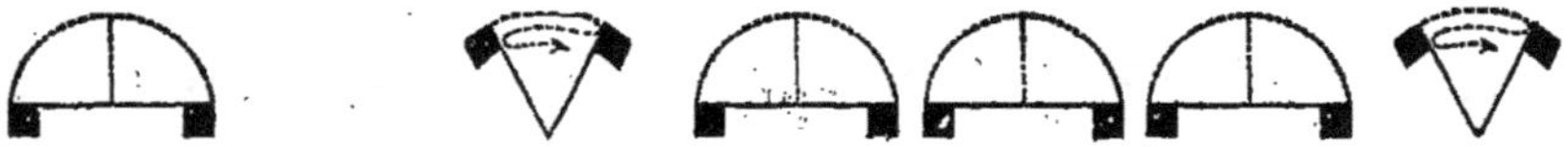

Grand'garde.

et sur le signal d'atttention de la grand'garde, elle continue :

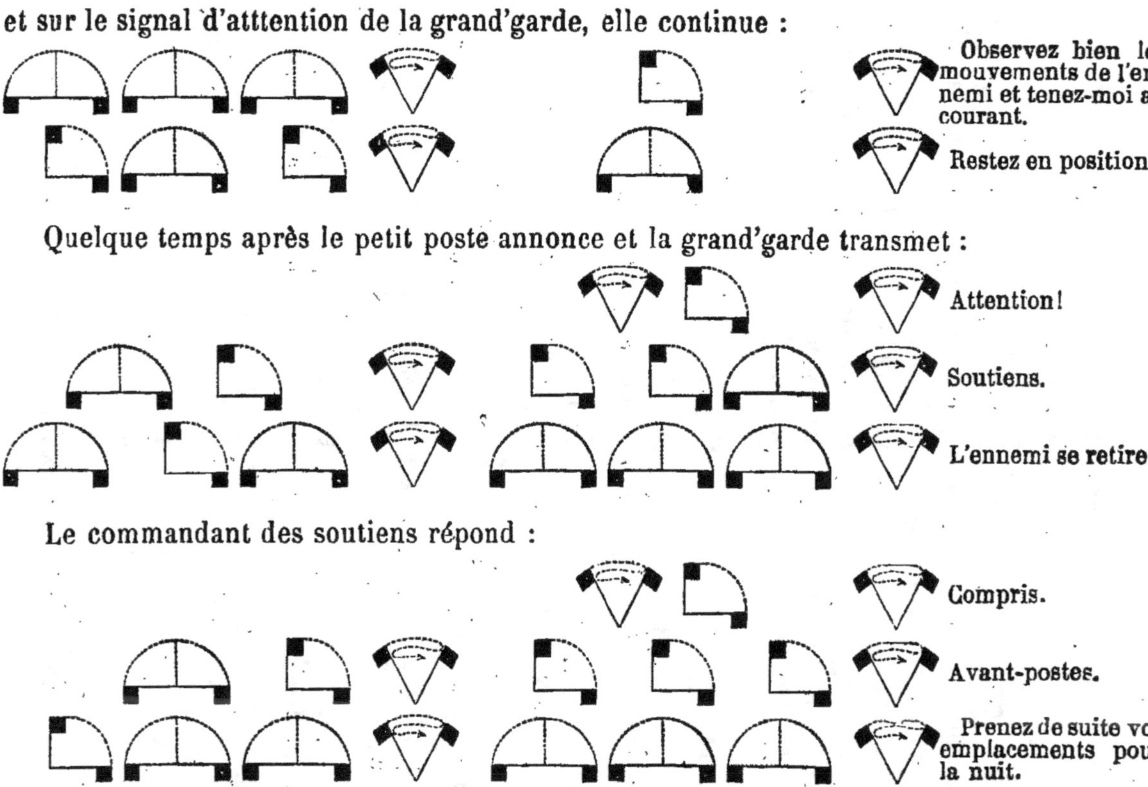

Quelque temps après le petit poste annonce et la grand'garde transmet :

Le commandant des soutiens répond :

Exemples de correspondances entre des quartiers généraux.

Le 7 février 1874, le général commandant en chef l'armée reçoit un rapport chiffré du général commandant la division de cavalerie d'avant-garde.

Ce jour-là, ainsi que nous l'avons dit, l'indice de la 1re série du *Dictionnaire général* est le signal n° 3 ; l'indice de la 1re série du *Dictionnaire particulier* est le signal n° 7.

La dépêche est ainsi conçue :

P

7, 4	3, 5	3, 14	8, 1	4, 12
(Nombre)	Un	(fin du nombre)	corps d'armée	ennemi

11, 3	7, 14	3, 6	3, 14	8, 2	8, 6
de	(nombre)	deux	(fin du nombre)	divisions	infanterie

11, 1	7, 4	3, 11	3, 9	3, 4	3, 14	8, 10
avec	(nombre)	7	5	0	(fin du nombre)	chevaux

10, 12	3, 2	13, 2	6, 9	7, 3	4, 11	5, 5	4, 10	4, 2	4, 1	4, 3
a	passé	la	rivière	(nom)	M	u	l	b	a	c

3, 14	12, 3	12, 9	13, 1	2, 11	11, 9	7, 3
(fin du nombre)	hier	soir,	il	marche	vers	(nom)

4, 10	4, 1	4, 12	4, 4	5, 3	5, 4	4, 1	4, 4	3, 14
L	a	n	d	s	t	a	d	(fin du nom);

13, 1	2, 12	11, 3	4, 2	13, 10	10, 3
il	menace	de	tourner	notre	droite.

11, 8	13, 3	3, 8	g	6, 7
Pour	le	reste,	*Dictionnaire général*,	vos ordres sont exécutés.

Le général en chef télégraphie à ses trois corps d'armée, commandés par les généraux X, Y, M :

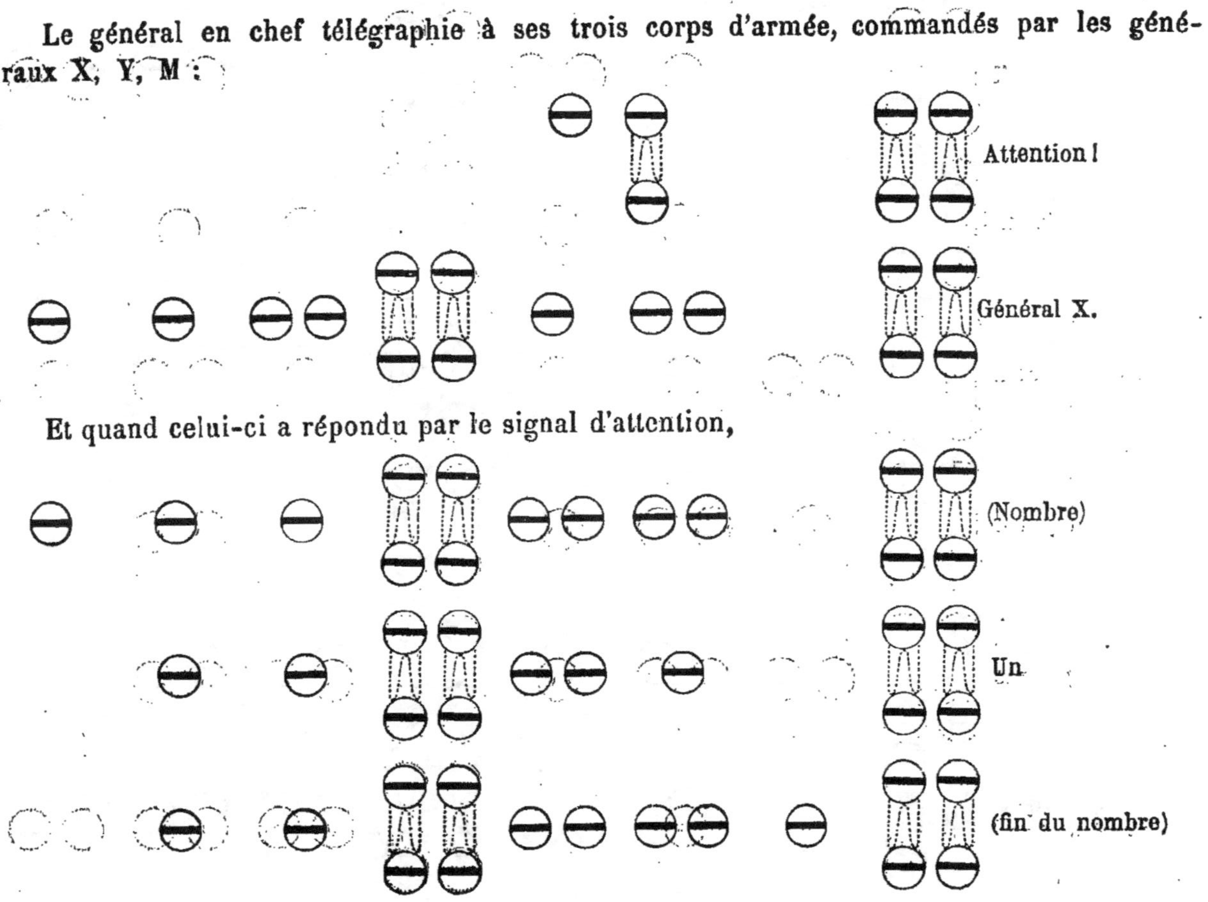

Et quand celui-ci a répondu par le signal d'attention,

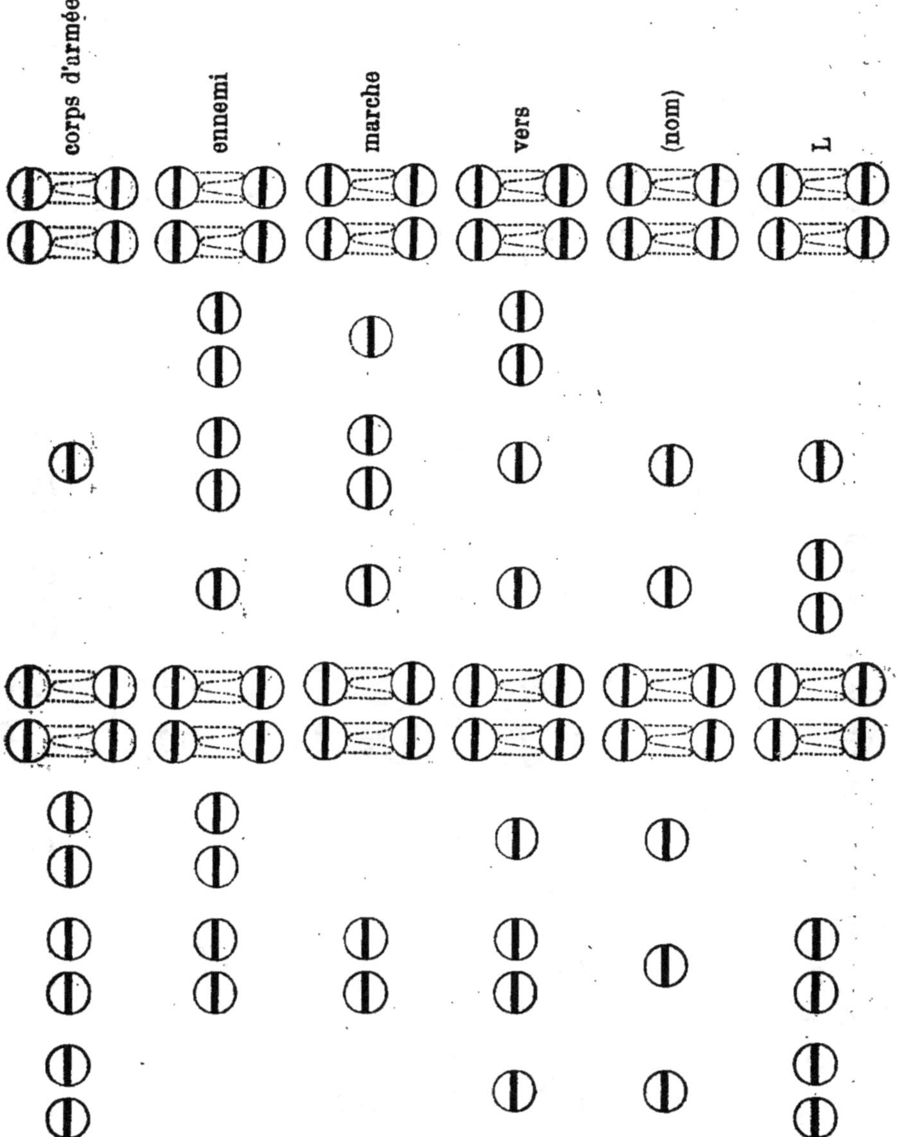
corps d'armée
ennemi
marche
vers
(nom)
L

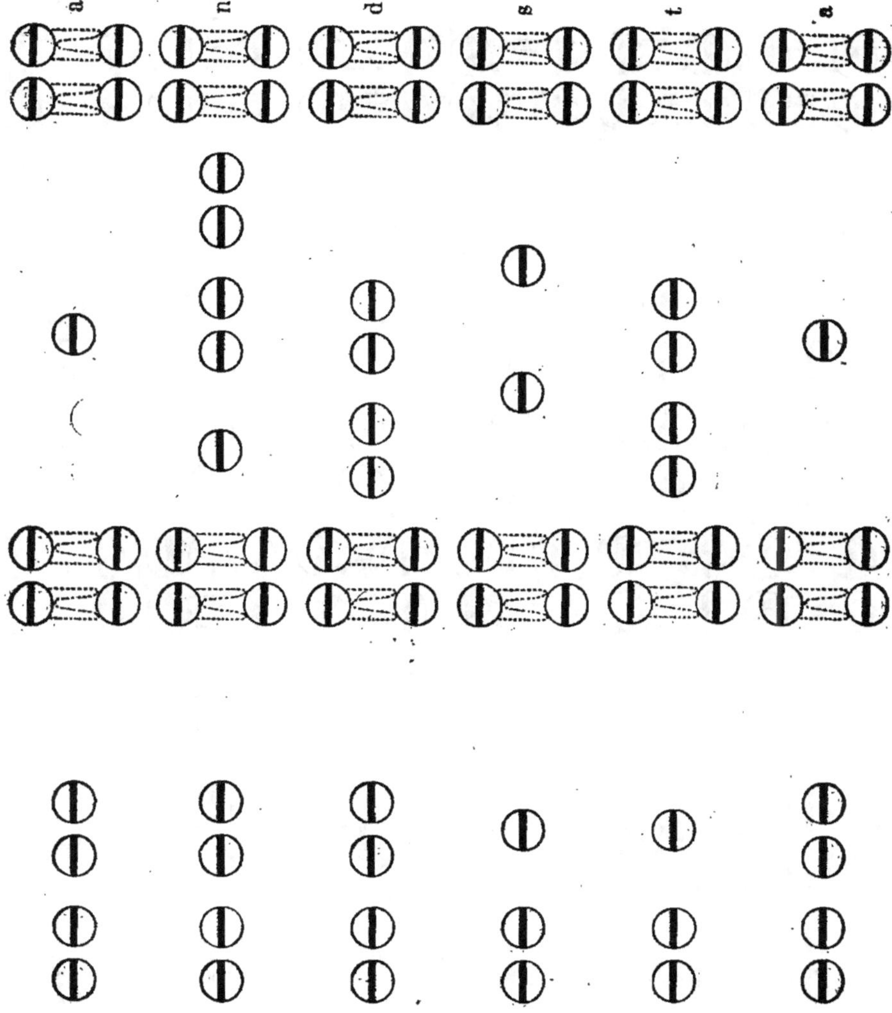

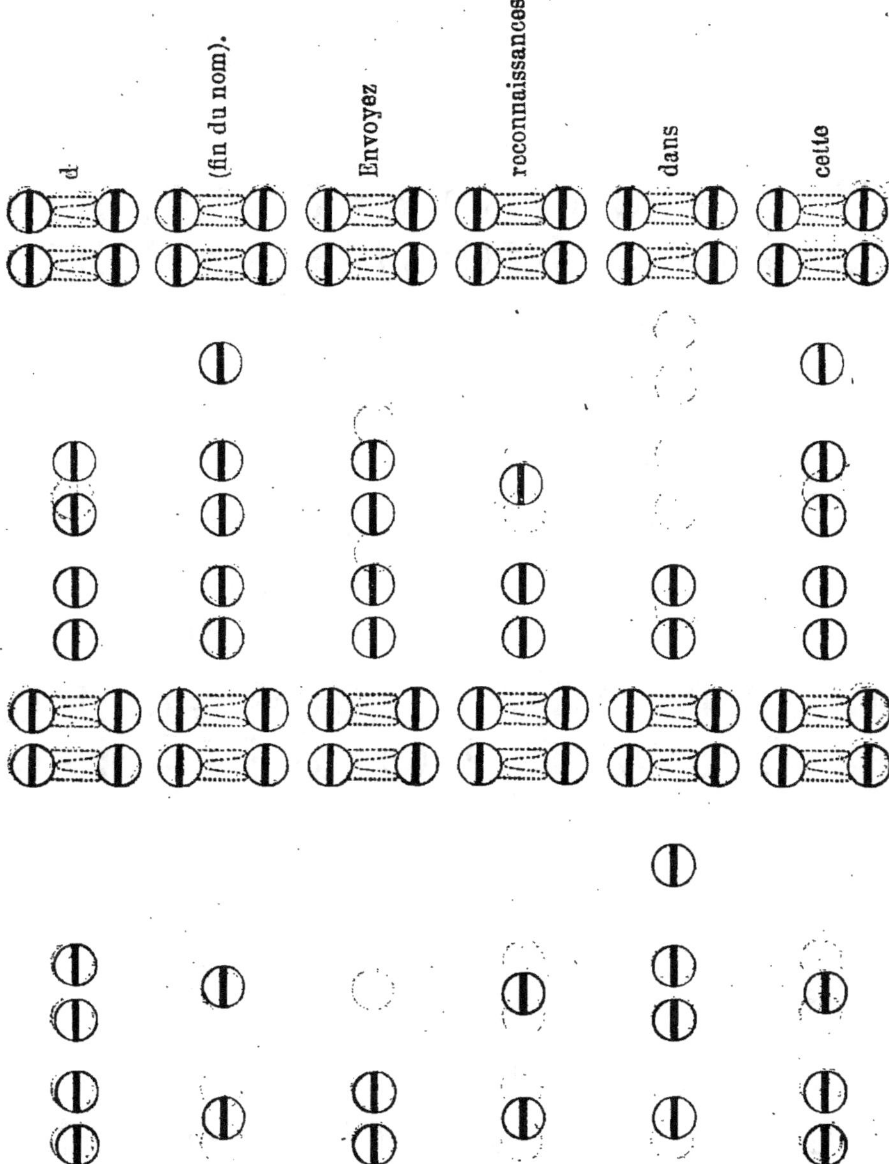
d
(fin du nom).
Envoyez
reconnaissances
dans
cette

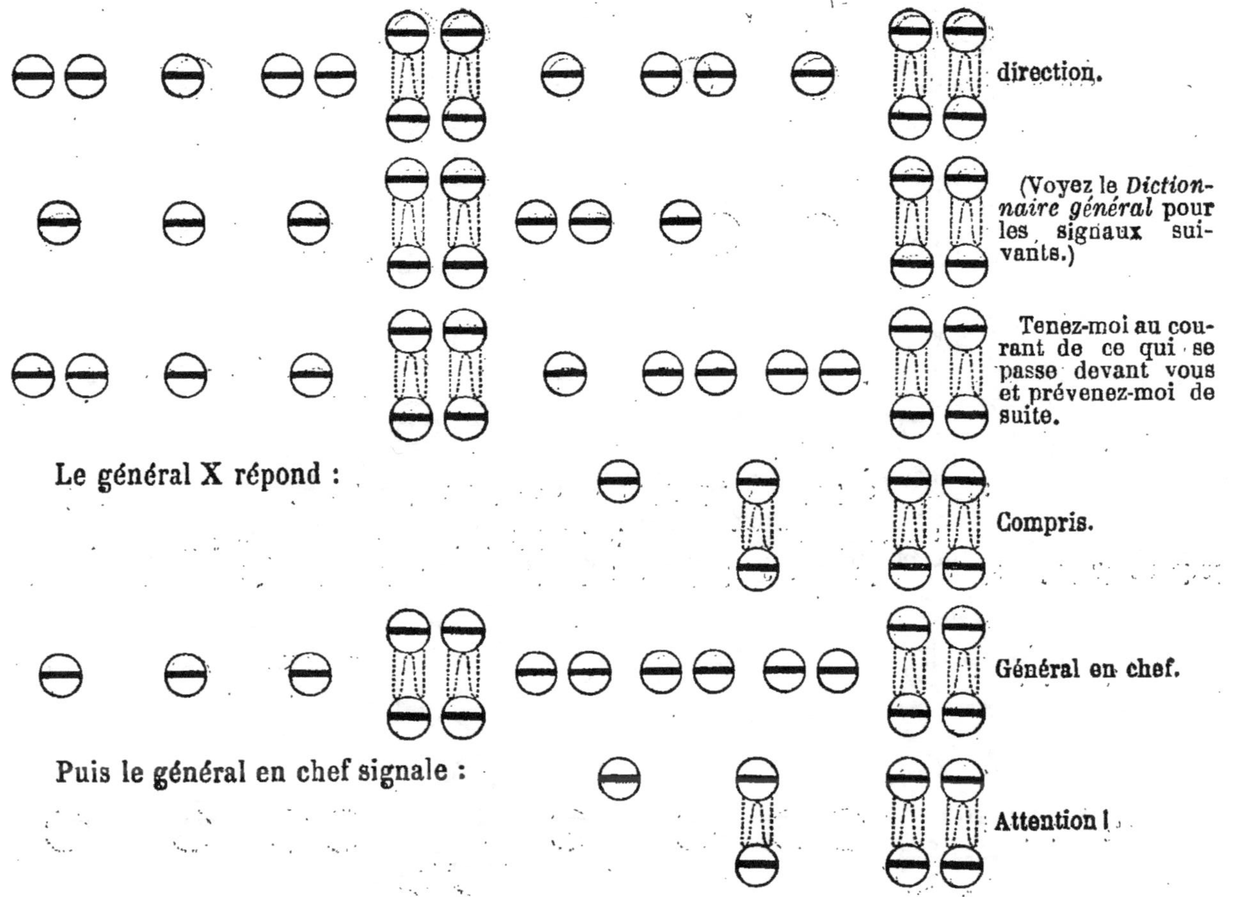

direction.
(Voyez le Dictionnaire général pour les signaux suivants.)
Tenez-moi au courant de ce qui se passe devant vous et prévenez-moi de suite.
Compris.
Général en chef.
Attention !
Le général X répond :
Puis le général en chef signale :

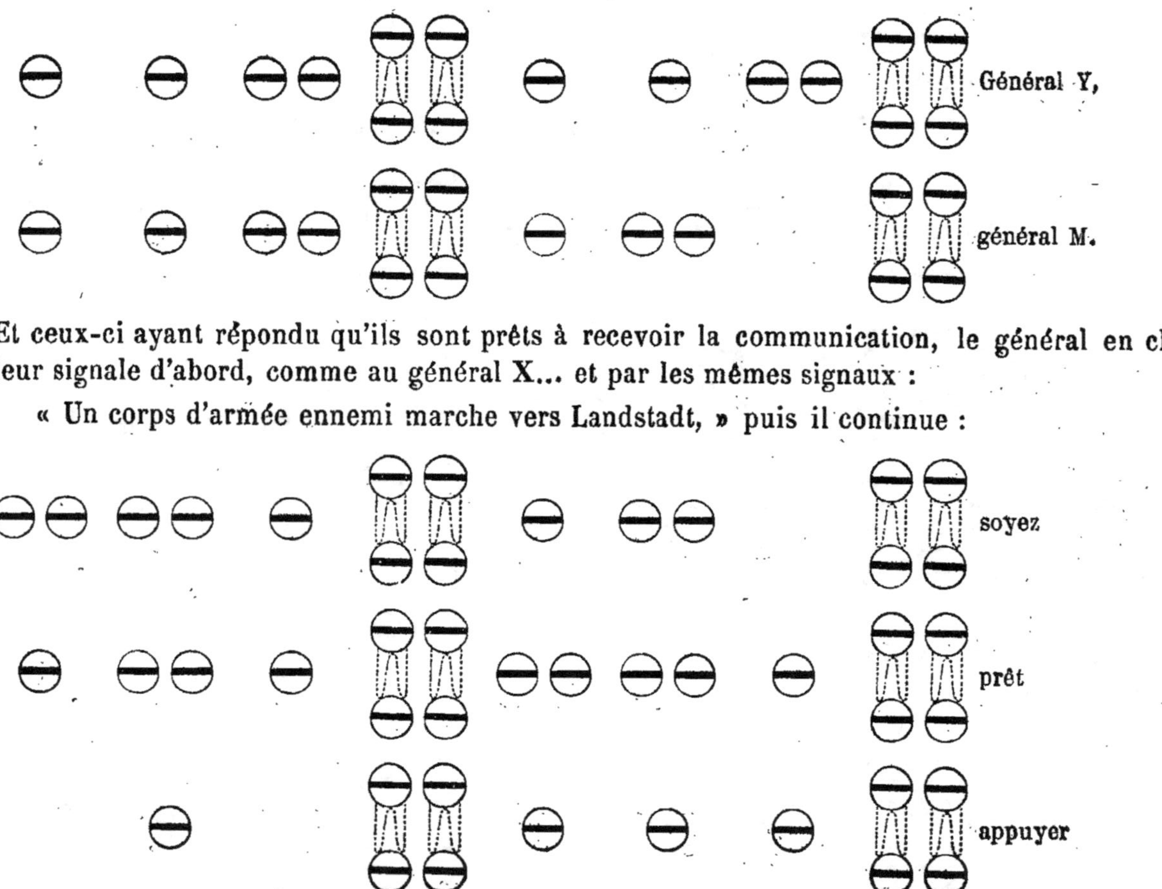

Et ceux-ci ayant répondu qu'ils sont prêts à recevoir la communication, le général en chef leur signale d'abord, comme au général X... et par les mêmes signaux :

« Un corps d'armée ennemi marche vers Landstadt, » puis il continue :

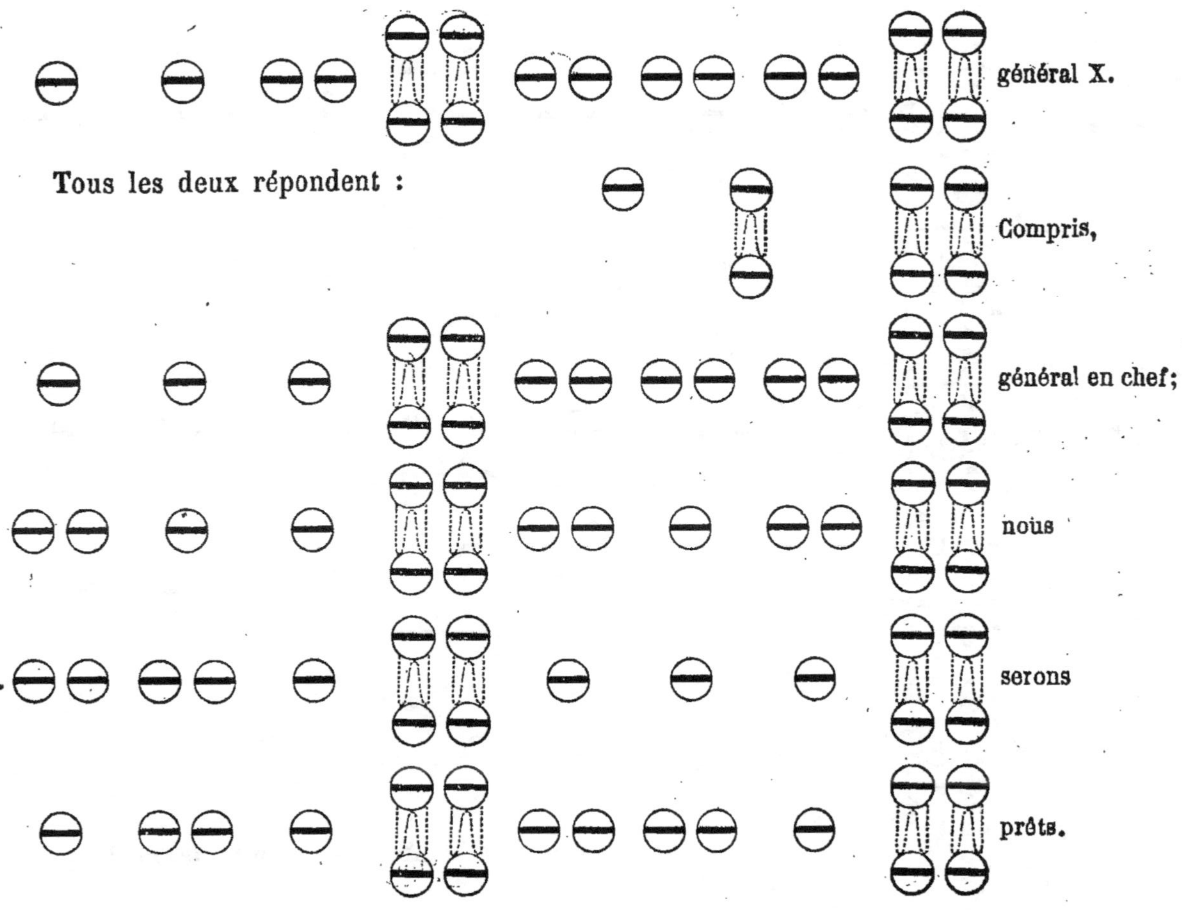

Tous les deux répondent :
général X.
Compris,
général en chef;
nous
serons
prêts.

Le général en chef leur signale alors :

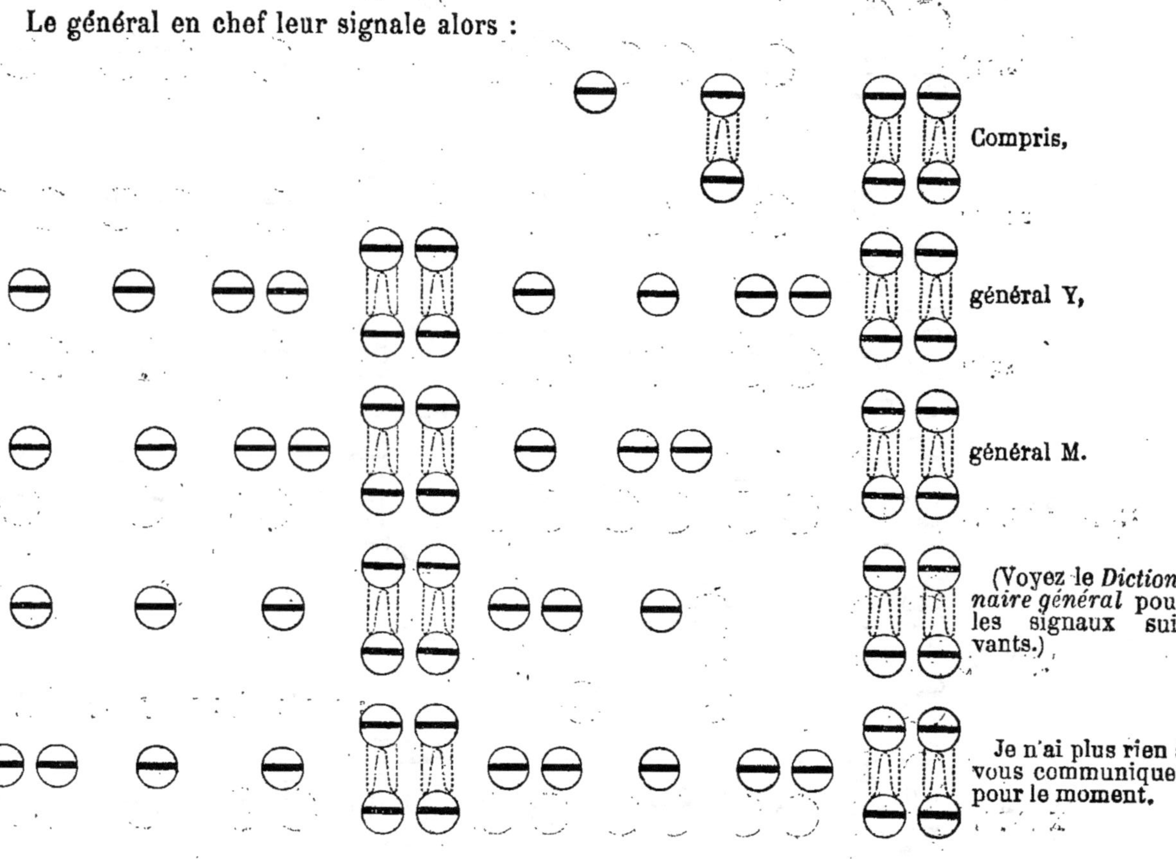

Ces exemples suffiront à indiquer la manière dont les divers signaux des deux dictionnaires doivent être employés.

Toutes les dépêches devront être confirmées par lettre écrite et être enregistrées aussi bien par celui qui les envoie que par le destinataire.

Pour abréger ces opérations, au lieu de reproduire les signaux tels qu'ils auront été faits, on se contentera d'écrire sur les registres de correspondance et dans la lettre de confirmation les numéros correspondant à chacun des doubles signaux de la dépêche. C'est d'ailleurs de cette manière qu'on opère pour les dépêches écrites, chiffrées au moyen de vocabulaires.

Les lettres de confirmation contiendront en outre la traduction, *en clair*, de la dépêche envoyée, toutes les fois qu'il sera possible de le faire sans inconvénient.

DICTIONNAIRE GÉNÉRAL

COMPRENANT 196 SIGNAUX DIFFÉRENTS

Remarque. — Les diverses phrases ou mots qui sont indiqués dans les deux dictionnaires ci-après ne sont que des exemples choisis pour fixer les idées ; on pourra les varier suivant les besoins du moment, en particulier pour signaler les diverses circonstances qui se présentent pendant le tir à la cible et qui ne peuvent être indiquées d'une manière complète avec les signaux employés jusqu'à présent.

S  

Séparation entre les signaux. — Fin des signaux.

A   

Attention, on va faire un signal. — Aperçu; on est prêt à recevoir
les signaux. — Compris.

Numéros des signaux.	SIGNAUX AVEC FANION, MOUCHOIR OU LANTERNE.			SIGNAUX AVEC CLAIRON, TAMBOUR OU SIFFLET.			Numéros des signaux.
	1	2	3	1	2	3	
1							1
2							2
3							3
4							4
5							5
6							6
7							7
8							8
9							9
10							10
11							11
12							12
13							13
14							14

PREMIÈRE SÉRIE

—

Signal de la série

Signal du drapeau.			Signal du clairon.		
1	2	3	1	2	3

3 (*)

Signaux divers.

1 On n'a pas compris. — Arrêtez.
2 Répétez le dernier signal seulement.
3 Répétez tout.
4 0 — zéro — aucun.
5 1 — le premier. ou la premièr.
6 2 — le, ou la deuxième.
7 3 — le, ou la troisième.
8 4 — le, ou la quatrième.
9 5 — le, ou la cinquième.
10 6 — le, ou la sixième.
11 7 — le, ou la septième.
12 8 — le, ou la huitième.
13 9 — le, ou la neuvième.
14 Fin du nombre ou du nom. — Revenez au dictionnaire employé d'abord.

(*) Le chiffre 3, indiquant la série, devrait être inscrit sur une feuille mobile dans deux gaînes pratiquées dans le papier. Il en serait de même pour les autres indices de série mobiles.

DEUXIÈME SÉRIE

—

Signal de la série

Signal du drapeau.　　　　　Signal du clairon.

1　　2　　3　　　　1　　2　　3

Signaux divers.

1	a.
2	b.
3	c, cc, cs, k, q, x.
4	d.
5	e.
6	f.
7	g.
8	i, y.
9	j.
10	l.
11	m, mm.
12	n, nn.
13	o.
14	. . . . .

TROISIÈME SÉRIE

—

Signal de la série.

Signal du drapeau.   Signal du clairon.

1   2   3   1   2   3

5

Signaux divers.

1   p.
2   r.
3   s, z.
4   t, tt.
5   u, ou.
6   v, w.
7   Avant-postes.
8   Grand'gardes.
9   Soutiens.
10   Première ligne.
11   Tous les postes voisins.
12   Envoyez un planton.
13   Un planton est envoyé.
14   . . . . .

QUATRIÈME SÉRIE

—

Signal de la série

Signal du drapeau.   Signal du clairon.

| 1 | 2 | 3 | | 1 | 2 | 3 |

6

Signaux divers.

1   Envoyez un officier prendre des ordres.

2   Un officier est envoyé.

3   Envoyez un rapport.

4   Un rapport est envoyé.

5   Attendez des ordres.

6   On attend des ordres.

7   Vos ordres sont, ou vont être exécutés.

8   Ne perdez pas un moment.

9   Tout va bien.

10   Vers l'est, ou à l'est.

11   Vers le nord, ou au nord.

12   Vers l'ouest, ou à l'ouest.

13   Vers le sud, ou au sud.

14   . . . . .

CINQUIÈME SÉRIE

—

Signal de la série

Signal du drapeau   Signal du clairon.

1   2   3   1   2   3

Signaux divers.

1   Grande fumée.

2   Incendies.

3   Grande poussière.

4   Au loin.

5   Tout près.

6   Les habitants fuient sur les routes.

7   Les habitants vaquent à leurs occupations ordinaires.

8   Grands convois de voitures avec escorte.

9   Grands convois de voitures sans escorte.

10   Convoi de chemin de fer avec des troupes.

11   Convoi de chemin de fer avec du matériel.

12   La voie est en bon état et libre.

13   La voie est coupée.

14   . . . . .

SIXIÈME SÉRIE

—

Signal de la série

Signal du drapeau.   **Signal du clairon.**

1   2   3   1   2   3

8

Signaux divers

1   Le passage est rompu.

2   On a trouvé un passage, un gué.

3   On entend de grands bruits de voitures.

4   Envoyez des reconnaissances au loin.

5   Ayez des nouvelles de l'ennemi et faites-les parvenir le plus promptement possible.

6   Les reconnaissances sont rentrées.

7   On n'a pas de nouvelles de l'ennemi.

8   Le pays est parcouru par des partis ennemis.

9   L'ennemi a paru dans les environs.

10   Un détachement.

11   Une brigade environ.

12   Une division environ.

13   Un corps d'armée.

14   . . . . .

SEPTIÈME SÉRIE

—

Signal de la série

Signal du drapeau.   Signal du clairon.

1   2   3   1   2   3

Renseignements sur l'ennemi.

1   Infanterie.
2   Cavalerie.
3   Artillerie.
4   Très-nombreux.
5   Une reconnaissance d'officiers.
6   En marche sur les avant-postes.
7   Des troupes sont en arrière pour l'appuyer.
8   Mouvements de troupes ennemies.
9   Que fait l'ennemi ?
10   L'ennemi est, ou est-il en force ?
11   Quelle est la composition des forces ennemies ?
12   L'ennemi est menaçant.
13   . . . . .
14   , ...

HUITIÈME SÉRIE

—

Signal de la série

Signal du drapeau.   Signal du clairon.

Renseignements sur l'ennemi.

1   L'ennemi semble-t-il, ou semble, disposé à attaquer?

2   Des colonnes s'avancent.

3   Les colonnes sont précédées de tirailleurs.

4   Les colonnes sont arrêtées.

5   Les colonnes prennent position.

6   Les colonnes se déploient.

7   Des masses sont en arrière.

8   L'ennemi se retire.

9   Une colonne semble chercher à tourner notre droite.

10   Une colonne semble chercher à tourner notre gauche.

11   . . . . . .

12   . . . . . .

13   . . . . . .

14   . . . . . .

NEUVIÈME SÉRIE

—

Signal de la série

Signal du drapeau.   Signal du clairon.

1   2   3   1   3

Mouvements de troupes.

1   Tenez-vous prêt à marcher.
2   Restez en position.
3   On va se mettre en route immédiatement.
4   Tenez-vous prêt à vous replier.
5   Repliez-vous sur les soutiens.
6   Marchez en avant.
7   Marchez en arrière.
8   Marchez vers votre droite.
9   Marchez vers votre gauche.
10   Maintenez-vous sur vos positions.
11   . . . . . .
12   . . . . . .
13   . . . . . .
14   . . . . .

DIXIÈME SÉRIE

—

Signal de la série.

Signal du drapeau.   Signal du clairon.

1   2   3   1   2   3

Avant-postes.

1   Que se passe-t-il devant vous?
2   Il n'y a rien d'extraordinaire devant nous.
3   Veillez bien.
4   Recommandez la plns grande vigilance, pour cette
      nuit surtout.
5   Renforcez vos petits postes.
6   Il y a lieu de craindre quelque tentative sur les
      petits postes.
7   Rapprochez vos petits postes.
8   Prenez de suite vos emplacements pour la nuit.
9   Modifiez l'emplacement de vos avant-postes et fai-
      tes-le connaître par écrit.
10 Tenez-vous sous les armes.
11 Ne laissez passer personne.
12 Resserrez les sentinelles, ou vedettes.
13 Portez vos sentinelles, ou vedettes, plus avant.
14 Rapprochez vos sentinelles, ou vedettes.

ONZIÈME SÉRIE

—

Signal de la série

Signal du drapeau.   Signal du clairon.

1   2   3   1   2   3

13

Avant-postes.

1   Faites explorer fréquemment vos environs par des
    rondes ou des patrouilles.
2   Tous les passages sont, ou sont-ils occupés?
3   Les avant-postes sont, ou sont-ils, bien établis?
4   Les grand'gardes sont, ou sont-elles bien retranchées?
5   Les passages par où l'ennemi peut venir sont, ou
    sont-ils, barricadés?
6   Prévenez vos avant-postes.
7   Ralliez vos avant-postes.
8   Les avant-postes resteront en position.
9   Oui. — On est prêt pour toute éventualité.
10 On n'a plus rien à communiquer.
11 Est-ce tout?
12 Tenez-moi au courant de ce qui se passe, ou de ce
    que vous apprendrez.—Prévenez-moi sans retard.
13 . . . . . .
14 . . . . . .

DOUZIÈME SÉRIE

—

Signal de la série

Signal du drapeau.   Signal du clairon.

1   2   3   14   1   2   3

Combats.

1 Observez bien les mouvements de l'ennemi et tenez-moi au courant.

2 L'ennemi marche sur nous.

3 L'ennemi prend des dispositions d'attaque.

4 Faites prendre les armes à votre troupe.

5 On est sous les armes.

6 Portez-vous en avant pour repousser les tirailleurs ennemis.

7 Résistez le plus possible.

8 Ralliez vos tirailleurs.

9 Battez en retraite.

10 Nous allons être obligés de rétrograder.

11 Envoyez des renforts.

12 Envoyez de l'artillerie.

13 Envoyez des munitions d'infanterie.

14 . . . . .

TREIZIÈME SÉRIE

—

Signal de la série

Signal du drapeau.   **Signal du clairon.**

1   2   3   1   2   3

1

Combats.

1   Envoyez des munitions d'artillerie.
2   On vous envoie ce que vous demandez.
3   On ne peut vous envoyer ce que vous demandez.
4   Attaquez vigoureusement et rejetez l'ennemi.
5   N'attaquez pas. — Attendez.
6   L'ennemi reçoit des renforts.
7   Repliez-vous tout doucement, pas à pas.
8   L'ennemi semble ployer.
9   Avez-vous des blessés ?
10   Nous avons des blessés.
11   Envoyez relever les blessés.
12   On vous envoie du renfort.
13   . . . . .
14   . . . . .

QUATORZIÈME SÉRIE

—

Signal de la série

Signal du drapeau.   Signal du clairon.

1   2   3   1   2   3

2

Parlementaire. — Espion. — Déserteur.

1   Un parlementaire.

2   Recevez le parlementaire.

3   Maintenez le parlementaire au petit poste.

4   Amenez le parlementaire.

5   Interrogez le parlementaire.

6   Ne recevez pas le parlementaire et faites-le recon-
     duire en dehors de nos lignes.

7   Un espion est arrêté.

8   Faites conduire l'espion sous bonne escorte.

9   Déserteur.

10   Envoyez-le prendre.

11   On vous le conduit sous escorte.

12   Qu'il ne communique avec personne.

13   . . . . .

14   . . . . .

DICTIONNAIRE PARTICULIER ·

POUR LES SIGNAUX A GRANDES DISTANCES ENTRE LES QUARTIERS GÉNÉRAUX

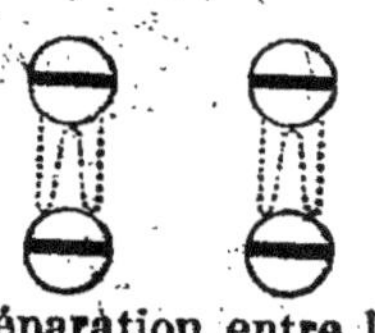

S

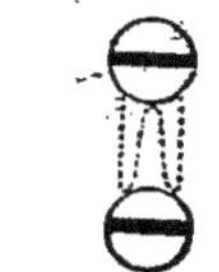

Séparation entre les signaux. — Fin des signaux.

A

Attention, on va faire un signal. — Aperçu; on est prêt à recevoir les signaux. — Compris.

Numéros des signaux.	SIGNAUX DE JOUR (Ballons).			SIGNAUX DE NUIT (Fusées ou phares).			Numéros des signaux.
	1	2	3	1	2	3	
1							1
2							2
3							3
4							4
5							5
6							6
7							7
8							8
9							9
10							10
11							11
12							12
13							13
14							14

PREMIÈRE SÉRIE

—

Signal de la série

Signaux du ballon.   Signaux des fusées.

1   2   3   1   2   3

1   On n'a pas compris, répétez le dernier signal.
2   On n'a pas compris, répétez tout.
3   Nom (voyez les lettres dans le *Dictionnaire général*).
4   Nombre (voyez les chiffres dans le *Dictionnaire général*).
5   (Voyez le *Dictionnaire général* (G) pour les signaux suivants).
6   (Voyez le *Dictionnaire particulier* (P) pour les signaux suivants).
7   Grand quartier général de l'armée.
8   Général en chef de l'armée.
9   Chef d'état-major général.
10   Général.
11   Bataillon, ou escadron.
12   Brigade.
13   . . . . . .
14   . . . . . .

DEUXIÈME SÉRIE

Signal de la série

Signaux du ballon.   Signaux des fusées.

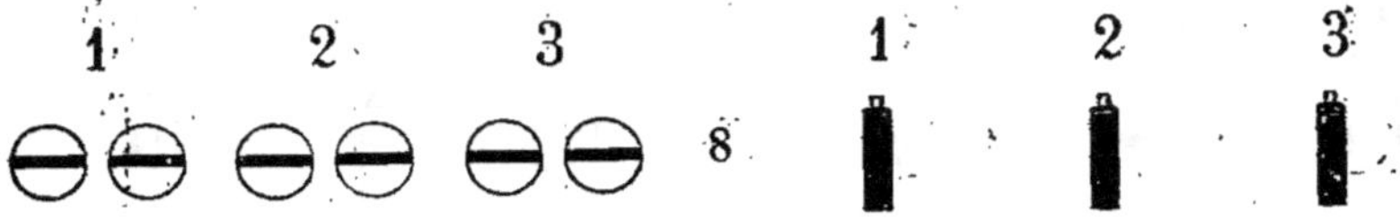

1   2   3   1   2   3

1	Corps d'armée.
2	Division.
3	Régiment.
4	Artillerie.
5	Cavalerie.
6	Infanterie.
7	Batterie à cheval.
8	Batterie montée.
9	Caissons.
10	Chevaux.
11	Mitrailleuses.
12	Pièces de...
13	Voitures.
14	Équipage de pont.

TROISIÈME SÉRIE

—

Signal de la série

Signaux du ballon.

1 2 3

9

Signaux des fusées.

1 2 3

1 Sapeurs du génie.
2 Dynamite.
3 Outils.
4 Pétard.
5 Poudre.
6 Général M.
7 Général N.
8 Général X.
9 Général Y.
10 Troupes.
11 Masses.
12 Bataille (en).
13 Front.
14 Centre.

QUATRIÈME SÉRIE

—

Signal de la série

Signaux du ballon.   Signaux des fusées.

1   2   3   1   2   3

⊖⊖   ⊖   ⊖⊖ 10

1   Échelon.
2   Aile.
3   Droit, ou droite.
4   Gauche.
5   Tirailleurs.
6   Soutiens.
7   Colonne.
8   Avant-garde.
9   Arrière-garde.
10   Gros.
11   Direction, — diriger. — dirigé.
12   A
13   Avant, — devant, — en avant de...
14   Après, — derrière, — en arrière de...

CINQUIÈME SÉRIE

Signal de la série

Signaux du ballon.   Signaux des fusées.

1   2   3   11   1   2   3

1   Avec.
2   Dans.
3   De.
4   En.
5   Par, — part.
6   Pour.
7   Très-fort, — fortement.
8   Trop.
9   Vers.
10   Aussi, — autant.
11   Beaucoup.
12   Tard.
13   Tôt.
14   Près de, — prêt à...

SIXIÈME SÉRIE

—

Signal de la série

Signaux du ballon.   Signaux des fusées.

1   2   3   1   2   3

1   Aujourd'hui.
2   Demain.
3   Hier.
4   Heure.
5   Immédiatement, — de suite.
6   Matin, — au point du jour.
7   Mois.
8   Nuit.
9   Soir.
10   L'est.
11   Le nord.
12   L'ouest.
13   Le sud.
14   . . . . .

SEPTIÈME SÉRIE

—

Signal de la série

Signaux du ballon.   Signaux des fusées.

1	2	3	13	1	2	3

1   Il ou elle, — ils ou elles.

2   La, — les.

3   Le, — les.

4   Des.

5   Du, — dû.

6   Que.

7   Qui.

8   Je, — moi.

9   Mon, — me.

10   Nous, — notre, — nos.

11   Vous, — votre, — vos.

12   Ou.

13   Ne.

14   Se, — ce, — cet, — cette, — ces.

HUITIÈME SÉRIE

—

Signal de la série

Signaux du ballon.   Signaux des fusées.

1   2   3   1   2   3

14

1   Être.
2   Est, — sont.
3   Suis, — sommes.
4   Été.
5   Était, — étaient.
6   Soyez.
7   Serai, — sera, — seront.
8   Avoir.
9   J'ai.
10   Nous avons.
11   Vous avez.
12   Ont.
13   En.
14   Il y a.

NEUVIÈME SÉRIE

—

Signal de la série

Signaux du ballon.   Signaux des fusées.

1   2   3   1   2   3

1   Je ne puis.
2   Peut, — peuvent.
3   Devra, — devront.
4   Devoir, — dû.
5   Abattre, — abattu, — abatis.
6   Apprendre, — appris.
7   Appuyer, — appuyé, soutenir, — soutenu.
8   Aller, — allé.
9   Arrêter, — arrêté, — arrêt.
10   Attaquer, — attaqué, — attaque.
11   Attendre, — attendu, — attente.
12   Battre, — battu, — bataille.
13   Bivaquer, — bivaqué, — bivac.
14   Cantonner, — cantonné, — cantonnements.

DIXIÈME SÉRIE

—

Signal de la série

Signaux du ballon.　　　　　Signaux des fusées.

1　　2　　3　　　1　　2　　3

1　Couvrir, — couvert.
2　Détruire, — détruit, — destruction.
3　Distribuer, — distribué, — distribution.
4　Enlever, — enlevé.
5　Envoyer, — envoyé, — envoi.
6　Établir, — établi, — établissement.
7　Faire, — fait.
8　Garder, — gardé, — garde.
9　Laisser, — laissé, — abandonner, — abandonné, — abandon.
10　Manquer, — manqué, — manque.
11　Marcher, — marché, — marche.
12　Menacer, — menacé, — menace.
13　Occuper, — occupé, — occupation.
14　Partir, — parti, — départ.

ONZIÈME SÉRIE

—

Signal de la série

Signaux du ballon.

1 2 3

Signaux des fusées.

1 2 3

3

1 Paraît, — paru.

2 Passer, — passant, — passé, — passage.

3 Poursuivre, — poursuivi, — poursuite.

4 Prendre, — pris, — prisonnier.

5 Reconnaître, — reconnu, — reconnaissance.

6 Rejoindre, — rejoint, — jonction.

7 Réparer, — réparé, — réparation.

8 Résister, — résisté, — résistance.

9 Rester, — resté, — reste, — séjour.

10 Reprendre, — repris, — reprise.

11 Réunir, — réuni, — réunion.

12 Revenir, — revenu, — retour.

13 Sauter, — sauté.

14 Séparer, — séparé, — séparation, — diviser, — divisé.

DOUZIÈME SÉRIE

—

Signal de la série

Signaux du ballon.   Signaux des fusées.

1   2   3   1   2   3

1   Suivre, — suivi, — suite.
2   Tourner, — tourné, — tournant.
3   Je vais.
4   Vient, — vient de... — je viens.
5   Grand.
6   Nombreux, — nombreuse.
7   Tout, — toute. — tous, — toutes.
8   Ambulance.
9   Attelage, — attelé, — atteler.
10   Barricades, — barricader, — barricadé.
11   Blessé, — blesser.
12   Ennemi.
13   Forces, — forcer, — forcé.
14   Habitants.

TREIZIÈME SÉRIE

—

Signal de la série

Signaux du ballon.   Signaux des fusées.

1   2   3   1   2   3

5

1   Hommes.
2   Matériel.
3   Magasins.
4   Mesures.
5   Mouvements.
6   Munitions.
7   Prisonniers.
8   Réserves, — réservé, — réserver.
9   Sanitaires.
10   Train.
11   Vivres, — vivre.
12   Bois.
13   Canal.
14   Chemin.

QUATORZIÈME SÉRIE

—

Signal de la série

Signaux du ballon.

Signaux des fusées.

| 1 | 2 | 3 | | 1 | 2 | 3 |

6

1   Chemin de fer.
2   Convoi de voitures.
3   Convoi de chemin de fer.
4   Défiler, — défilé.
5   Hauteur, — dominer, — dominé.
6   Ordre, — ordonné.
7   Position.
8   Retranchement, — retranché, — redoute.
9   Rivière.
10   Route.
11   Village, — ville.
12   Voie.
13   Pont.
14   . . . . .